# UNE AVENTURE AU PAYS DES OUENDATS

Micheline MARCHAND

# Une aventure
# au pays des Ouendats

Roman
Édition revue et corrigée

2ᵉ édition

Collection *Cavales*

LES ÉDITIONS
L'INTERLIGNE

Catalogage avant publication de Bibliothèque et Archives Canada

Marchand, Micheline, 1962-
        Une aventure au pays des Ouendats : roman / Micheline
Marchand. -- 2e éd.

(Cavales. Aventure)
12 ans et plus.
ISBN 978-2-921463-77-5

        1. Canada--Histoire--1812, Guerre de--Collaborateurs--
Romans, nouvelles, etc. pour la jeunesse. I. Titre.
II. Collection: Cavales. Aventure

PS8576.A63395A84 2009        jC843'.6        C2009-906770-6

Les Éditions L'Interligne
261, chemin de Montréal, bureau 306
Ottawa (Ontario) K1L 8C7
Tél. : 613 748-0850 / Téléc. : 613 748-0852
Adresse courriel : communication@interligne.ca
www.interligne.ca

Distribution : Diffusion Prologue inc.

ISBN : 978-2-921463-77-5
© Micheline Marchand et Les Éditions L'Interligne
Dépôt légal : premier trimestre 2010
Dépôt légal : premier trimestre 2003
Bibliothèque nationale du Canada

Au prince Franco d'Ontarie,
pour son inspiration et sa passion.

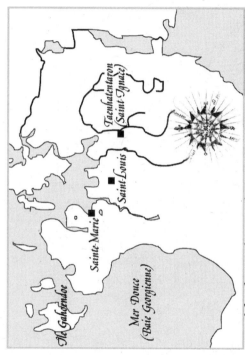

Île Gahoendoe

Sainte-Marie

Saint-Louis

Taenhatentaron
(Saint-Ignace)

Mer Douce
(Baie Georgienne)

Ouendake : le pays des Ouendats

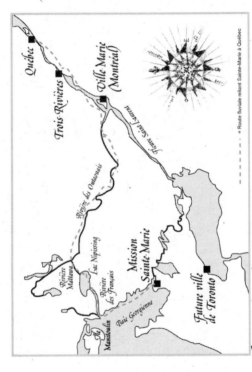

Québec

Trois-Rivières

Ville Marie
(Montréal)

Fleuve Saint-Laurent

Rivière des Outaouais

Lac Nipissing

Rivière
Mattawa

Rivière
des Français

Mission
Sainte-Marie

Île
Manitoulin

Baie Georgienne

Future ville
de Toronto

- - - = Route fluviale reliant Sainte-Marie à Québec

*Le trajet de Québec à Sainte-Marie*

# Chapitre premier

## Un séjour au pays des Ouendats

*Aujourd'hui*

— Le prochain groupe portera le nom d'Attignawantan, annonce Luce.

— Attigna… quoi? lui demande d'un ton mi-sérieux, mi-amusé Sébastien, un jeune homme de douze ans.

Luce jette un coup d'œil du côté de son interlocuteur. La guide responsable du groupe scolaire venu faire un séjour au site historique Sainte-Marie-au-pays-des-Hurons près de Midland, en Ontario, enchaîne patiemment:

— Attignawantan signifie « ours » dans la langue de la nation amérindienne des Ouendats. À l'époque de la Nouvelle-France, les Attignawantans représentaient la moitié de la population ouendate. Ce groupe d'autochtones vivait dans la région qu'on appelle aujourd'hui la Huronie. Pendant les prochains jours, ce groupe sera constitué des membres suivants: Suzie, Marie-André, Julie, Claude…

— Hé, Julie, chuchote Sébastien, nous sommes dans le même groupe! Nous allons être des autochtones. On pourra lutter ensemble. Peut-être même avec des arcs et des flèches ou avec des fusils.

Exaspérée, Julie, une jeune fille au teint blanc craie et aux cheveux blond paille, rétorque:

— On n'est pas venu jouer aux cow-boys et aux Indiens! La Nouvelle-France ce n'est pas le «far-ouest», Sébastien!

Sébastien cache mal sa déception. Mais, il retrouve rapidement sa bonne humeur quand la guide leur annonce jovialement:

— Suivez-moi, je vais vous montrer où vous passerez les prochains jours, mes alliés autochtones!

— J'ai toujours voulu dormir dans un wigwam! s'exclame Sébastien.

— Les Ouendats ne vivaient pas dans des wigwams, mais dans des maisons longues, corrige doucement madame Henriette Vadeboncœur.

Sébastien regarde son enseignante. Elle réussit toujours, malgré lui, à l'épater par sa panoplie de connaissances. Quand elle s'excite, ses petits yeux en forme de bille semblent disparaître dans son rond visage.

— Les Ouendats étaient sédentaires, explique Luce. Parce qu'ils pratiquaient l'agriculture, ils ont pu s'installer dans cette région de façon plus permanente.

Tout en offrant ces renseignements, Luce guide le groupe d'élèves vers le logement des autochtones. Julie jette un regard curieux vers la maison longue.

— Je ne savais pas que de telles maisons existaient, dit-elle à Sébastien. Je pense que ça se déménagerait difficilement.

Les élèves pénètrent dans la structure par une petite ouverture. Le bâtiment est formé de piliers pliés et recouverts d'écorce. Un feu crépite au centre de la pièce et remplit le sombre intérieur de fumée.

— L'âtre est placé sous une ouverture dans le toit, explique Luce. Cela permet à la boucane de sortir un peu et à un soupçon de clarté de filtrer à l'intérieur.

— Ces habitations sans fenêtres sont étranges, commente Sébastien. Ça donne vraiment l'impression d'être dans un autre monde.

— Tu vois, Sébastien, je n'ai pas besoin de faire comme toi et de me rendre en Haïti pour mes vacances afin de vivre une expérience exotique, dit Julie en riant.

Tout le groupe observe l'intérieur enfumé. De chaque côté de l'habitation, s'élèvent des plates-formes qui ressemblent à d'énormes lits superposés, recouverts de peaux d'animaux.

— J'imagine qu'une quarantaine de personnes pourraient vivre ici, estime Julie.

— Ce n'est pas tout à fait ma chambre à coucher, murmure Sébastien. Julie tente d'imaginer

quarante personnes dans sa chambre à coucher.
Elle pouffe de rire :

—Tu as raison Sébastien, nous vivons dans un
tout autre monde. Je ne voudrais pas vivre ici, mais,
pour quelques jours, ça me plaira d'y habiter.

— En tout cas, c'est mieux que du camping.
Au moins, je n'aurai pas besoin de coucher
par terre, se rassure Sébastien. J'ai horreur des
bebites qui se promènent sur le sol. Et si mon
sac de couchage ne me suffit pas, je vois qu'il y a
plusieurs pelleteries pour me réchauffer.

Luce se fait rassurante :

— En fait, nous dormirons dans le centre
éducatif à l'extérieur des palissades. D'ailleurs,
les Ouendats ne dormaient pas toujours sur ces
plates-formes. L'hiver, ils formaient un cercle
serré autour du feu. Souvent, l'été, ils préféraient
dormir à la belle étoile.

Julie touche la partie feutrée d'une des fourrures
étendues sur les lits.

— Elle est si douce et huileuse, s'exclame Julie
tout haut.

Luce profite de l'intervention de Julie pour
donner quelques explications :

— Les Ouendats arrachaient les poils rudes
à l'extérieur de la peau afin d'exposer les poils
doux sous-jacents. Ces fourrures et ces peaux
formaient le matériel de base de leurs vêtements.
Ces pelleteries ont aussi attiré plusieurs Français
dans le territoire des Amérindiens. La traite des

fourrures a bouleversé la vie d'un grand nombre de nations de ce vaste continent.

— Là où il y a des profits, il y a des êtres humains, affirme madame Vadeboncœur. Et, où il y a des êtres humains, il y a souvent des conflits.

— Deux visions du monde se confrontaient dans cette région, reprend Luce d'une voix enthousiaste. La Nouvelle-France a attiré les traiteurs, mais elle a aussi attiré des missionnaires. Ici, à la mission Sainte-Marie, se trouvait le quartier général des missions jésuites situées dans les territoires à l'ouest de Montréal. Comme vous avez pu le voir, ce n'est ni un fort, ni un poste de traite. Pour les Français, la mission servait aussi à montrer aux Ouendats le modèle d'une communauté européenne. Les pères jésuites souhaitaient convertir les Amérindiens de la Nouvelle-France au catholicisme. Ils se sont installés parmi les Ouendats à partir de 1626. Ils n'ont fondé Sainte-Marie que treize ans plus tard.

— Comment se sont-ils rendus jusqu'ici, lui demande Sébastien en riant, sûrement pas par l'autoroute!

En fait, la seule autoroute était fluviale, reprend Luce. Les jésuites partaient de Québec en canots. Il va sans dire qu'à cette époque, ça prenait plus de temps pour faire le plein.

Madame Vadeboncœur sort une carte routière du sac à dos violet qui l'accompagne partout. Les « ours » l'entourent. Ensemble, ils examinent la longue route qui sépare la ville de Québec de la mission Sainte-Marie : les rives du fleuve Saint-Laurent, la rivière des Outaouais, la rivière Mattawa, le lac Nipissing, la rivière des Français et enfin, la baie Georgienne. Un trajet de 1500 kilomètres qui pouvait durer trente jours.

— Il fallait vraiment tenir à venir ici, commente Julie.

— Tout à fait ! s'exclame Madame Vadeboncœur.

— Est-ce que les jésuites trouvaient ça difficile avironner dans leurs grandes soutanes de laine noire ? demande Julie.

— En fait, ils ne pagayaient pas, explique Luce. Leurs moteurs étaient les bras des Amérindiens et des donnés qui les accompagnaient.

— Des donnés ? s'exclame Julie.

— Les donnés étaient des Français laïques qui aidaient les missionnaires. En retour, ils étaient logés et nourris.

Le tintement de la cloche de la chapelle de la mission Sainte-Marie interrompt l'explication. Luce s'empresse de dire :

— La cloche indique le début d'une activité. Nous nous rendons donc sur la rive ouest de la rivière Wye nous amuser à la manière des Ouendats il y a 350 ans. Nous allons jouer une partie de crosse.

Sébastien excelle dans le monde physique du sport. Son vif esprit saisit rapidement les principes du jeu. Il s'impatiente de ne pouvoir venir en aide à ses coéquipiers. Son pied soulève la poussière du sol quand les joueurs de l'autre équipe comptent des buts. Mais, madame Vadeboncœur croit que chacun doit participer. C'est presque la fin du jeu quand Sébastien est appelé à jouer. Jean-François, le gardien de but de l'équipe opposée, le tient à l'œil. Il espère que les quelques minutes qui restent à la partie s'écouleront avant que Sébastien ait le temps de compter le but qui briserait l'égalité.

Dès que Sébastien s'engage sur le terrain, personne ne peut le suivre. Son corps répond entièrement à sa volonté. Malgré les perles de sueur qui luisent sur sa peau d'ébène, rien ne fatigue Sébastien. Il flotte au-dessus du terrain. Tout ce qui lui importe c'est le jeu et la sensation de bonheur qu'il lui procure. Jean-François oublie les minutes qui s'écoulent et se prépare à défendre son territoire contre Sébastien qui s'envole vers lui.

Il ne reste plus que dix secondes au match. D'un geste désespéré, Sébastien agite son bâton et projette la balle vers le but de l'équipe adverse. Jean-François passe à l'action. Son geste sera-t-il assez rapide pour bloquer la balle qui file comme un boulet de canon ?

# Chapitre II

## Arakhié

*1<sup>er</sup> octobre 1648 (Dans la langue des Ouendats, le mois d'octobre signifie: quand on tend un filet de pêche depuis la berge.)*

Le projectile touche le but. L'équipe victorieuse trépigne de joie. Tous ont admiré la grâce féline de l'athlète, rapide comme l'éclair. Grâce à son tir d'aigle, son équipe a remporté la partie.

Les joueurs des deux équipes le félicitent. Tous reconnaissent le talent d'Arakhié et apprécient son beau jeu. Habituellement, les Ouendats jouent des parties de crosse pour éloigner un malheur. Mais, aujourd'hui, les jeunes Ouendats pratiquent le jeu tout simplement pour développer leurs talents et leur endurance.

Les jeunes font une pause avant de commencer une deuxième joute. Arakhié se dégage du groupe et va à la rencontre d'un jeune Français. D'un pas déterminé, il s'approche du Français qui les observe jouer à l'occasion. Il sourit amicalement et se présente. Il est surpris d'entendre le Français lui répondre dans un mauvais ouendat :

— Bonjour, je m'appelle Louis Léger. Si tu veux, appelle-moi Tsiko, c'est un nom ouendat que j'aime.

— Tu parles assez bien notre langue. Plusieurs Français vivent dans notre pays, mais très peu finissent par parler ouendat.

— Tu as raison. Le père Brébeuf, celui qui me donne des leçons, affirme que ça prend habituellement six mois juste pour commencer à comprendre un peu de ouendat. Je pensais qu'apprendre votre langue me permettrait surtout de communiquer avec des gens de mon âge. Ça me manque.

Arakhié écoute attentivement les propos de Petit Louis :

— Le père Brébeuf m'a dit que j'ai le don des langues. Je pense plutôt que j'apprends assez facilement parce que ça ne me dérange pas de faire des erreurs. J'essaye même quand ça sonne tout croche. De plus, je n'ai pas peur d'utiliser des gestes et des grimaces pour me faire comprendre.

Petit Louis déforme son visage afin d'illustrer son propos. Arakhié s'esclaffe. Le rire franc d'Arakhié attire les autres jeunes Ouendats qui entourent Petit Louis.

— Depuis quand es-tu arrivé dans notre pays ? lui demande un jeune Ouendat.

— La flottille est arrivée au début septembre dernier. Nous étions tous heureux de mettre fin à notre voyage de trente jours. Surtout le petit veau que nous avions transporté depuis Québec.

— Raconte-nous ton voyage Tsiko, lui demande Arakhié.

— J'étais le plus jeune membre du groupe qui accompagnait le père jésuite Bressani, raconte Petit Louis. Nous sommes partis le 6 août dernier. Des moustiques nous mangeaient impitoyablement. Les membres de l'équipage étaient tous plus endurcis que moi. Nous partagions les mêmes malaises en silence sauf quelques soldats qui poussaient des jurons au grand désespoir du père Gabriel Lalemant.

Les jeunes Ouendats rient de bon cœur. Ils connaissent bien ces petites bestioles qui peuvent rendre fou même le plus dur à cuire.

— Le père Lalemant, c'est l'ami du père Brébeuf ? lui demande Arakhié.

— C'est bien lui. Nous étions dans le même canot. Nous sommes devenus de bons amis.

— Bon, la pause est finie, déclare Arakhié. Nous jouons une dernière joute. Tsiko, tu te joins à nous?

En son for intérieur, Petit Louis crie de joie. Il a une soif aiguë d'amitié. Il hésite pourtant à se joindre au jeu. Il avoue tristement:

— C'est gentil à vous, mais je crains que vous soyez déçu de mon habileté.

Arakhié insiste :

— Mais voyons, le jeu c'est pour tout le monde. D'ailleurs, c'est en jouant que tu deviendras meilleur.

« C'est en forgeant qu'on devient forgeron ! » pense Petit Louis. C'est aussi ce que lui avait dit Louis Gaubert, le forgeron de Sainte-Marie.

Ainsi, Petit Louis joue son premier match de crosse. À la pause, essoufflé, il avoue :

— Je ne me suis pas tant amusé depuis des années. Par contre, je dois admettre que je voudrais jouer aussi bien que toi.

— À chacun ses habiletés. À chacun ses talents, murmure Arakhié.

— Non, mais sans blague, toi, tu en as de la chance de pouvoir te déplacer comme le vent.

— Il ne faut pas envier les autres, sermonne Arakhié. Si tu veux être comme moi, il faudrait vouloir être l'ensemble de ma personne. Tu ne peux pas séparer les qualités de mon tout. C'est comme vouloir être aussi droit que cet érable, ajoute Arakhié en pointant vers la forêt, toujours vert comme cette épinette, et doux comme cette écorce de bouleau. Tu ne peux pas être les trois à la fois, ne choisir que les caractéristiques qui te plaisent. Moi, je suis comme je suis. Toi, tu es comme tu es. Tu peux changer, mais pas devenir un autre.

— Tu as raison Arakhié, avoue piteusement Petit Louis. Mais quand je te vois fendre l'air, ça me rend jaloux.

—Voyons Tsiko, réplique Arakhié en riant. Viens, la joute reprend.

Les nouveaux amis se remettent à jouer. Petit Louis regarde Arakhié sillonner le terrain. Tout à coup, son pied heurte une petite branche de chêne qui traîne sur le sol. Petit Louis perd l'équilibre et tombe par terre, se cognant rudement la tête. Pendant un long moment, le garçon reste étendu, immobile.

# Chapitre III

## Les Trois Sœurs

*1<sup>er</sup> octobre 1648*

Petit Louis et Arakhié entrent dans la maison longue. Leurs yeux s'ajustent tranquillement à l'absence de clarté. Les senteurs qui s'entremêlent à la fumée témoignent d'une forte présence humaine. Petit Louis aime fouler le sol de cette demeure très différente des maisons françaises avec leurs planchers de bois. Un sol confortable. Un sol chaud. Arakhié se plaît à vivre près des siens, entassé dans le grand espace commun de la maison longue. Il sait qu'en rentrant chez lui, il y aura toujours quelqu'un.

—Te voilà, Arakhié, dit d'une voix alerte une femme à la peau de crapaud.

Arakhié aime cette grand-mère. Une vieille femme usée. Depuis cinq ans, elle ne voit que des ombres. Le contact quotidien avec la fumée épaisse a eu raison de sa vue. Elle ne participe plus pleinement aux travaux. Par contre, la communauté apprécie sa présence. Sa connaissance de l'histoire de son peuple, sa mémoire et son âge lui confèrent une solide autorité. C'est pourquoi chacun s'assure qu'elle ne manque de rien.

— Oui, c'est moi, répond rapidement l'adolescent. Je suis accompagné de Tsiko. Il s'est blessé et je croyais que vous pourriez soulager son mal.

La sexagénaire, qui pilonne du maïs dans un mortier, laisse son travail. Elle nettoie la plaie qui couvre le front de Petit Louis. Elle prépare ensuite un cataplasme qu'elle place sur le front enflé afin de combattre l'inflammation. Le service rendu, elle reprend son travail et tente de rassurer Petit Louis :

— Ça ira mieux dans quelques jours, Tsiko.

— Je l'espère, répond Petit Louis. Merci.

— Je suis toujours prête à aider les amis d'Arakhié. Tu sais, Tsiko, l'amitié c'est comme les « Trois Sœurs ».

— Les « Trois Sœurs » ? lui demande Petit Louis qui est heureux de pouvoir converser dans sa nouvelle langue.

— L'agriculture, lui répond la vieille dame, est au cœur de notre façon de vivre. Les hommes défrichent la terre. C'est un travail difficile, donc, ils laissent les souches. Au printemps, tu verras que les femmes travaillent le sol. Elles empilent la terre en petits monticules entre les souches. Elles y plantent du maïs et des fèves. Cela permet aux fèves grandissantes de s'appuyer sur les cotons de maïs. Les courges sont à leur tour semées entre les monticules. Ces trois plantes sont intimement liées. Elles s'entraident. C'est pourquoi nous les nommons les «Trois Sœurs». Tout comme pour ces plantes, chez l'être humain, l'amitié rend plus fort. L'amitié, c'est facile lorsque tout va bien, ajoute-t-elle en dévisageant intensément les jeunes hommes de ses yeux aveugles. Par contre, quand tout ne tourne pas rond, c'est difficile. Et parfois, nos amis apportent des malheurs ou des ennuis.

Petit Louis écoute les paroles de cette vieille femme. Il constate qu'il sera difficile pour Arakhié de demeurer son ami. Après tout, Petit Louis est un Français, un de ces Blancs qui ont apporté des maladies jusqu'alors inconnues des autochtones. Tant de Ouendats ont péri à cause des maladies transmises par les Européens. Petit Louis pourrait croire, comme les jésuites, que le fléau s'est abattu sur les autochtones à cause du courroux de Dieu. Mais, si c'est le cas, pourquoi tant de Ouendats chrétiens meurent-ils aussi ?

— Il faut être fidèle à ses amis, mais il faut d'abord être fidèle à soi-même, prononce lentement la grand-mère en s'adressant plus particulièrement à Arakhié.

Un petit courant d'air frais d'automne change l'atmosphère du discours de la vieille femme. Elle se lève pour se rendre d'un pas lent mais assuré vers une plate-forme. À tâtons, elle trouve un petit objet.

— Je pense souvent aux «Trois Sœurs» lorsque je fabrique des poupées avec les housses de maïs. Tiens, Tsiko, je t'offre un cadeau, dit la grand-mère.

La femme s'approche de Petit Louis, lui saisit les mains et y dépose une petite poupée jaune pâle. Elle murmure:

— Quand tu la regarderas, pense aux «Trois Sœurs» et à la force de l'amitié. Ému, Petit Louis répond:

— C'est promis. Tiawenk.*

* Les mots suivis d'un astérisque sont définis dans un lexique situé à la fin du récit. NdÉ.

# CHAPITRE IV

## LA PROMESSE

*Aujourd'hui*

Les élèves ont travaillé pendant toute l'après-midi. Certains ont créé des stylos ornés de belles plumes d'oiseaux. D'autres ont fabriqué des poupées de maïs. Ils anticipent le bon repas qui les attend. Mais, plusieurs sont déçus lorsqu'on leur sert le plat principal.

— Pas encore de la sagamité, s'exclame Sébastien, dégoûté. Nous en avons eu pour dîner, et là on nous en sert encore au souper!

—Vous savez, signale Luce, que le maïs était à la base du régime des Ouendats. Et je ne doute pas qu'ils étaient en meilleure santé que certains d'entre vous.

La plupart des élèves se résignent. Ils savent qu'ils sont ici pour vivre une expérience différente, et cela ne durera que quelques jours. Luce essaye quand même de les rassurer:

— Pour dessert, vous aurez droit à des petits fruits. Et ce n'est pas tout. Ce soir nous vous offrons tout un régal. Tandis qu'on se contera des peurs, on fera du maïs soufflé.

— Ah! s'exclament les élèves en riant. Il n'y a que Sébastien qui ne rit pas. Même quelques heures plus tard, il grogne toujours.

— Je ne pourrais pas vivre de ce régime, se plaint-il.

— C'est vrai, tu préfères t'empoisonner de boisson gazeuse et de hamburgers dégoulinants de gras, lui lance Julie d'un air moqueur. Ton problème, c'est que tu as habitué ton corps à manger gras, salé, sucré et tu ne peux plus t'en passer. Tu es pire qu'un fumeur qui ne rêve qu'à sa cigarette.

Sébastien réfléchit brièvement. Pendant un moment, Julie croit qu'il cessera enfin de chigner. Mais sa misère est plus forte que lui.

— Ah! Je souffre! dramatise Sébastien comme d'habitude. Ce que je donnerais pour une tablette de chocolat remplie de beurre, de sucre, de colorant.

— Dis moi, lui demande Julie, que donnerais-tu pour des biscuits à l'avoine et aux raisins faits à la maison?

— Tout! avoue Sébastien d'une voix déses-pérée.

Julie sort alors un petit contenant de son sac à dos. Il contient quatre biscuits que sa mère a faits. Sébastien bondit et dévore des yeux les biscuits appétissants.

— O.K. Julie, que veux-tu pour ces biscuits? Tu veux me les vendre? lui demande Sébastien d'un air sérieux comme si sa vie dépendait de la réponse.

Sébastien se prépare à des négociations difficiles.

— Je te les donne Sébastien, affirme Julie. Mais, en échange, tu dois me promettre de ne pas chialer demain. Tu dois être positif. Et tu verras que la journée sera plus agréable pour toi et pour les autres. C'est à prendre ou à laisser.

Sébastien hésite, mais il veut ces biscuits à tout prix. Finalement, il promet de ne pas se plaindre pendant un jour. Satisfaite de l'entente, Julie lui remet les quatre biscuits. Contrairement à son habitude d'avaler la nourriture tout rond, Sébastien savoure tranquillement chaque bouchée. «Quel délice!» pense-t-il. Il termine les biscuits en espérant être à la hauteur de sa promesse.

❧

Les élèves forment un cercle autour du feu. Ils mangent goulûment le maïs soufflé encore chaud. Quelques élèves racontent des histoires d'épouvante. En fin de soirée, Luce partage à son tour une histoire.

— Dans le temps de la mission Sainte-Marie, les épidémies de maladies venues d'Europe ravageaient la population. Les Amérindiens mouraient en grand nombre. Plusieurs Hurons délaissaient leur médecine traditionnelle. Ils se rendaient à l'hôpital chrétien parce qu'ils croyaient, en vain, que les jésuites les guériraient. La situation peinait Ontiarac, un jeune chasseur huron. Il se sentait impuissant devant ce fléau inconnu qui lui avait enlevé son plus jeune fils. La nuit, Ontiarac se faufilait à l'intérieur de l'hôpital. À défaut de guérir les malades, il essayait de les réconforter. Il leur racontait des histoires et leur fredonnait des chansons.

À l'aube, il revenait auprès de sa famille. L'épouse d'Ontiarac l'observait. Après chaque visite, elle voyait un nouveau pli sculpter son visage. Les cheveux noirs de son époux grisonnaient à vue d'œil et son corps se courbait de plus en plus. Seuls ses yeux offraient une lueur de la jeunesse qui l'avait habité quelques mois auparavant. Cela l'attristait. Elle ne dit rien, car elle savait qu'il avait décidé de prendre le poids des affligés sur ses épaules.

Tous les matins, l'épouse attendait le retour de son époux. Un jour, elle regardait de ses yeux humides briller le soleil levant sur la gelée qui couvrait le sol. Les rayons de l'astre lumineux ne réussirent pas à sécher ses larmes, car, elle savait que ce matin là, son époux ne rentrerait pas. Elle ne l'a plus revu.

Depuis, les gens qui travaillent ici au site historique aperçoivent parfois un esprit. Un vieil autochtone rôde dans l'hôpital. Certains l'ont vu marcher. D'autres l'ont entendu fredonner des airs tristes. Nous croyons que c'est le fantôme d'Ontiarac. Peut-être veut-il nous rappeler le sort cruel des Hurons qui ont succombé aux maladies? Peut-être cherche-t-il à réconforter les esprits des morts qui rôdent toujours dans l'hôpital? Nous ne le savons pas.

Le feu crépite. Malgré la chaleur, un frisson passe dans le dos de Sébastien.

— J'ai froid, dit Sébastien.

— Approche-toi du feu, lui suggère Julie.

— Ce n'est pas le froid qui me glace, mais cette histoire triste.

— Bien voyons, dit Julie, c'est juste une histoire de feu de camp. Il ne faut pas y croire. Sébastien reste silencieux. Julie se veut rassurante.

— Oublie ça. Les fantômes ne vivent que dans nos imaginations.

— Pour moi, les esprits existent, insiste Sébastien. Ma grand-mère en Haïti en a déjà rencontré.

— De toute façon, Sébastien, je suis certaine que si tu rencontres un fantôme ici, ce sera un bon esprit.

— C'est vrai qu'il y a de bons esprits. Mais je n'ai pas le goût de rencontrer un fantôme, qu'il soit bon ou méchant.

※

Il fait nuit. Le ciel cache les étoiles derrière son voile de nuages noirs. Deux chandelles éclairent

Julie et Sébastien. Ce dernier s'amuse à regarder les ombrages qui dansent devant lui.

—Tu es bien gentil d'accepter de m'aider à trouver mon canif, déclare Julie, reconnaissante. Quand je me suis aperçu qu'il n'était plus dans ma poche au feu de camp, je savais que ça m'empêcherait de dormir.

— Ça me donne un prétexte pour observer les étoiles, lui répond galamment Sébastien. D'ailleurs, je dors mal ici.

Un coup de vent souffle la flamme des chandelles.

— Il fait tellement noir, dit Julie subitement craintive. Sébastien ne peut s'empêcher d'être sarcastique.

— Bien oui, il fait noir quand le soleil se couche.

Julie ne répond pas. Sébastien sent alors qu'il a blessé son amie. Il essaye de se racheter auprès d'elle :

— C'est normal d'avoir peur dans le noir. Tu habites au centre-ville où il y a des lumières sur toutes les rues. Quand est-ce qu'il fait noir, là ? Jamais. Ce n'est qu'une question d'habitude. Tu verras, tu t'y feras. Entre temps, pense à autre chose. Pense aux spaghettis et au bon gâteau au chocolat que je vais manger dès que j'entrerai chez moi…

Julie le dévisage et pense qu'il a raison, même s'il l'exaspère avec ses rêves culinaires.

— O.K., pense à ton canif, suggère Sébastien. Tu verras, on le retrouvera et tu pourras mieux dormir.

— J'espère bien. C'est un cadeau de mon frère. Il ne me pardonnera jamais de l'avoir perdu.

— Pense Julie, encourage Sébastien. Retrace tes pas. Où aurais-tu pu le perdre?

Julie revoit sa journée. Après quelques minutes, elle s'exclame:

— C'est à l'hôpital! Ça doit être à l'hôpital! Je me souviens de l'avoir montré à Robert.

— Pas à l'hôpital! se lamente Sébastien.

— Pourquoi pas à l'hôpital? lui demande Julie perplexe.

— C'est hanté! lui rappelle Sébastien, ébranlé.

—Tu n'as quand même pas cru aux histoires de Luce! s'exclame Julie incrédule. Ce ne sont que des histoires de feu de camp.

Sébastien n'a pas l'air convaincu.

—Voyons, Sébastien, dit Julie, ne me dit pas que tu es superstitieux.

— Il faut respecter les esprits, Julie, affirme Sébastien le plus sérieusement du monde.

Malgré l'hésitation de Sébastien, les deux amis se mettent en route pour l'hôpital. Une fois arrivés devant le bâtiment, plongé dans la noirceur, ni l'un ni l'autre n'a le goût d'y entrer.

— Je vais rester ici, propose Sébastien, tandis que tu vas voir à l'intérieur. Si tu rencontres un esprit je pourrai courir chercher de l'aide.

— T'es vraiment un peureux! lui décoche Julie.

— Je vais y aller, déclare Sébastien, piqué au vif.

Sébastien prend son courage à deux mains et se glisse silencieusement à l'intérieur de l'édifice. Il regrette de ne pas avoir emmené sa lampe de poche. Il pense: «J'ai toujours cru que je ferais un mauvais scout. Espérons que les esprits seront gentils.» Il se met à quatre pattes et tâtonne à deux mains à la recherche du précieux canif.

Soudain, Sébastien ressent une présence près de lui. Il se raisonne: «Sébastien, ce n'est que ton imagination.» Sa main gauche heurte enfin un objet de fer. Il entend une faible voix masculine fredonner un air dans une langue qu'il ignore. Il se lève et tressaillit. Un vieil autochtone traverse la pièce. Son teint cireux accentue ses rides profondes. De longs cheveux blancs tombent sur ses frêles épaules. D'un pas branlant, il avance lentement vers Sébastien.

La main de Sébastien tremble de peur. Elle se crispe autour du canif. Au prix d'un grand effort, le garçon décolle son corps figé du plancher et recule vers la porte. Dehors, l'air frais du soir fouette la peau de Sébastien. Apeuré, il agrippe Julie et se met à courir de toutes ses forces.

# Chapitre V

## L'oncle Taratouan

*3 mars 1649 (Dans la langue des Ouendats, le mois de mars signifie: le mois qui voit l'eau coulante déborder.)*

L'oncle Taratouan visite sa sœur Khiongnona et ses neveux Tewatirhon et Arakhié qui vivent à Sainte-Marie. Ce sont de joyeuses retrouvailles. Ils se rencontrent dans la maison longue, située dans le coin des non chrétiens. Taratouan se méfie des jésuites, ou des robes noires comme les nomment les Ouendats.

L'oncle est un homme passionné et déterminé, tout comme sa sœur. Arakhié écoute attentivement la conversation entre sa mère et son oncle. Khiongnona présente des excuses pour Tewatirhon, qui est absent.

— Tewatirhon vous transmet ses salutations, dit Khiongnona. Il devait se rendre à Saint-Louis. Que nous vaut cette visite inattendue?

— Il y a du mécontentement chez nos frères du sud, révèle Taratouan, exaspéré. Un millier de Tsonnontouans et d'Agniers sont massés au nord du lac Ontario. De nouvelles invasions sont imminentes.

— J'ai eu vent des rumeurs, signale Khiongnona. Depuis quelque temps, des milliers de Ouendats cherchent refuge ici. Un climat de peur nous entoure.

— Les robes noires sont à l'origine de toutes nos peines, constate Taratouan. S'ils n'étaient pas venus parmi nous, notre nation serait encore forte. Joutaya, ton époux et plusieurs autres Ouendats seraient encore vivants. Je n'ai jamais compris comment Joutaya a pu concilier ses traditions et la religion chrétienne. Cette religion n'a même pas pu le protéger puisqu'il a succombé à la petite vérole lors de la dernière épidémie.

—Tu as raison, avoue Khiongnona. Si seulement les robes noires n'étaient pas venues! Mais, ce qui est fait est fait, prononce-t-elle sentencieusement. La plupart des Ouendats chrétiens ne comprennent pas la moitié de ce que les robes noires leur disent. Ils adoptent la foi des blancs pour des raisons économiques. On accorde la citoyenneté française à ceux qui acceptent le baptême chrétien. Ils obtiennent alors le même prix pour leurs fourrures que les Blancs. Ce n'est pas un mince avantage, s'exclame-t-elle.

— Mais te convertir et entraîner Tewatirhon en plus! souligne Taratouan fâché.

— J'ai longtemps retardé ma conversion, explique Khiongnona d'une voix résignée, mais il le fallait. Je veux aller au même paradis que mon Joutaya, au paradis des chrétiens.

Taratouan comprend la décision de sa sœur, même s'il ne l'approuve pas. Cependant, il espère qu'un jour elle lui confiera son fils cadet afin qu'Arakhié vive à l'abri de l'influence des robes noires.

— Arakhié, tu le gardes toujours avec toi ? lui demande l'oncle.

— Je ne peux pas me séparer de mon fils en ce moment, lui répond-elle.

# Chapitre VI

## L'attaque

*14 mars 1649*

Depuis son arrivée à Sainte-Marie, Petit Louis a exploré tous les recoins de la mission. Il a découvert les mystères du marais Wye qui s'étend juste au sud de Sainte-Marie. Il a goûté au sirop fait de cette sève claire comme de l'eau qui coule des érables. Par contre, il n'a pas encore eu l'occasion de visiter les villages environnants. C'est donc avec joie qu'il reçoit une invitation du père Lalemant de rendre visite au village Saint-Louis.

— J'aimerais partir demain, annonce Petit Louis au père Ragueneau.

— Plus de trois lieues* séparent les deux villages, lui dit le père Ragueneau. Je crains que tu te perdes dans les nombreux sentiers qui traversent le territoire.

Petit Louis apaise les inquiétudes du jésuite :

— Arakhié m'accompagnera. Il me servira de guide. Il connaît bien le réseau de sentiers qui relient les différents villages.

Depuis quelques mois, le père Ragueneau a constaté que Petit Louis et Arakhié sont devenus des amis inséparables.

—Vous partirez donc demain, approuve le père Ragueneau.

*15 mars 1649*

Les amis sillonnent à pied les sentiers qui mènent vers le sud-est.

—Tu l'aimes bien le père Lalemant, constate Arakhié.

— Oui, reconnaît Petit Louis. Avec lui, j'ai appris qu'on peut surmonter beaucoup d'obstacles avec une bonne attitude et de la volonté. Pendant le long voyage à Sainte-Marie, ses conseils n'ont pas empêché les attaques des hordes de moustiques, mais ils m'ont aidé à mieux les endurer.

Arakhié et Petit Louis arrivent à Saint-Louis en après-midi. Le père Gabriel Lalemant les accueille à bras ouverts.

—Tu te portes bien mon jeune ami, note le père Lalemant.

Petit Louis lui confie :

— J'adore la nature et les espaces qui entourent la mission. J'ai même presque oublié la France.

*16 mars 1649*

Le soleil commence à chatouiller les nuages. C'est l'heure du léger sommeil matinal. Le village de Saint-Louis baigne dans la tranquillité la plus complète. Tout à coup, les cris de trois Ouendats réveillent les habitants. Terrifiés, les nouveaux venus informent ces derniers du danger qui les attend.

— Les Iroquois ont attaqué Taenhatentaron, notre village, raconte haletant le plus vieux des trois. Nous sommes les seuls survivants.

Un des chefs ouendats qui écoutent ce récit tragique s'exclame :

— Pourtant, Taenhatentaron est entouré d'une palissade et protégé par de profonds ravins sur trois côtés...

— C'est vrai, admet un autre des trois survivants. Mais, personne ne s'attendait à l'attaque des Iroquois. Il n'y avait aucun guet sur les remparts. Depuis les attaques de l'an dernier, le village ne compte plus que 400 personnes. Je crois que les Iroquois l'ont constaté. Ils ont donc profité de la nuit pour creuser une brèche dans la palissade. Ils ont alors pénétré silencieusement dans le village endormi. Nous sommes accourus jusqu'à vous pour vous avertir de la menace qui vous guette.

— Merci, mon frère, dit calmement un autre des chefs. S'ils veulent garder l'effet de surprise, les Iroquois ne tarderont pas à nous attaquer. Nous pouvons fuir ou rester.

Chacun des chefs y va de son opinion. Étienne Annaotaha, un guerrier chrétien de grande renommée, prend la parole et déclare avec gravité :

— Nous devons nous défendre et repousser nos adversaires. S'ils sentent notre faiblesse, notre crainte, ils nous anéantiront. Nous y laisserons peut-être notre peau, mais notre courage sauvera la nation ouendate.

La majorité se rallie au point de vue d'Étienne Annaotaha. Sans plus tarder, les femmes et les enfants sont évacués. Plus de 500 habitants abruptement tirés de leur sommeil prennent la route qui mène à Sainte-Marie, en emportant à peine quelques biens.

Petit Louis n'a jamais connu la guerre. Il veut porter main forte aux pères Gabriel Lalemant et Jean de Brébeuf et aux 80 braves guerriers qui restent. Le père Lalemant le dissuade :

—Tu dois partir, Petit Louis. Ici, ce sera le massacre.

—Vous devriez donc partir aussi.

— Non. Le père de Brébeuf et moi sommes responsables de cette mission. Notre place est ici. Je dois réconforter les malades et les personnes âgées qui ne peuvent pas fuir. Je baptiserai ceux qui le désirent et je leur donnerai l'absolution avant leur mort. J'ai choisi d'être missionnaire. Tu es trop jeune pour choisir. Tu pars avec le groupe, commande fermement le père Lalemant.

Petit Louis sent le battement rapide de son cœur et la peur à l'approche du combat. Il est soulagé que le père Lalemant ait décidé pour lui. Les anciens compagnons de voyage s'embrassent et se séparent. Le père Lalemant, visiblement ému, lui souffle doucement :

— Que Dieu te garde.

Petit Louis et Arakhié se joignent au groupe de réfugiés. Sauf quelques pleurs d'enfants, le voyage se fait en silence. Certains pensent aux êtres chers restés à Saint-Louis, d'autres aux malades abandonnés. Plusieurs auraient préféré rester avec les guerriers, mais ils savent qu'ils doivent assurer la survie de la nation.

Petit Louis brise le lourd silence. Il avoue à son ami de ne pas comprendre la raison de ces massacres. Arakhié lui dévoile sa pensée :

— Les Iroquois et les Ouendats font partie de la même Confédération, celle des Iroquoïens. Des mésententes ont toujours existé entre nous, poursuit-il, mais depuis l'arrivée des Agnongas…

— Des hommes de fer ? Qui sont ces gens ? lui demande Petit Louis, troublé.

— Cher Tsiko, tu es un Agnonga. C'est ainsi que nous désignons les hommes blancs parce qu'ils nous ont apporté des objets de fer.

— Mais, vous êtes bien contents de travailler avec nos haches de fer, non ? rétorque Petit Louis indigné.

— Bien sûr ! Mais nous sommes devenus dépendants de vos objets. En plus, vous avez créé un climat de concurrence entre les différentes nations. Nous, nous sommes alliés aux Français et, les Iroquois eux, aux autres hommes blancs plus au sud. Nous ne respectons même plus nos droits territoriaux. Vous avez bouleversé nos vies. Maintenant, nous ne pourrons jamais retourner à notre ancien mode de vie.

Petit Louis jette un coup d'œil furtif vers son ami lucide et généreux. Arakhié observe la file de réfugiés devant lui. Un jeune enfant au bout de ses forces suit sa mère et ses frères et sœurs sans se plaindre. Ses petits pas rapides traînent sur le sol. Arakhié s'approche de l'enfant et lui parle doucement dans le creux de l'oreille. L'enfant lui offre un large sourire. Arakhié le place solidement sur ses épaules et, ensemble, ils reprennent la marche.

Le père Ragueneau glisse sa cape de laine noire sur ses épaules. Il s'enveloppe de son vêtement épais et s'enfonce dans l'air humide et frisquet de mars. Neuf heures sonnent. La fumée du village voisin de Saint-Louis domine le ciel printanier. La triste nouvelle qu'annonce cette fumée décourage le père Ragueneau. Il s'agenouille sur le sol et lève les yeux au ciel en murmurant : « Dieu, faites que les pères Lalemant et Brébeuf nous arrivent sains et saufs ! »

Les habitants de la mission accueillent les rescapés de Saint-Louis dans l'espace de plus en plus encombré à l'intérieur de la palissade. Il se serrent les coudes et attendent des nouvelles de Saint-Louis.

Enfin, deux guerriers, gravement blessés arrivent à Sainte-Marie.

— … Et les autres ? Et mon frère ? lui demande une jeune femme inquiète.

— Tous ont soit péri, soit été faits prisonniers. Nous avons repoussé les deux premiers assauts en tuant une trentaine d'Iroquois. Mais les assaillants ont franchi la palissade à plusieurs endroits. Ils ont massacré les malades et les vieillards sans pitié.

— Et les pères Lalemant et de Brébeuf ? lui demande le père Ragueneau.

Pour toute réponse, le guerrier ouendat regarde tristement le sol.

# Chapitre VII

## L'attente

*16 mars 1649*

Les Iroquois amènent leurs prisonniers, les pères Brébeuf et Lalemant, au village Taenhatentaron. Lorsqu'ils arrivent à l'établissement, un Iroquois ordonne aux captifs d'un signe brusque de la main et d'une voix autoritaire :

— Passez entre ses deux lignes de guerriers.

Les pères, dépouillés de leurs vêtements, marchent en se traînant entre les hommes qui les frappent brutalement avec des gourdins. Ensuite, on attache leurs corps meurtris à des poteaux face au bûcher. Le supplice commence.

Les prêtres prient et cherchent à oublier leur immense douleur. Le père Lalemant ne peut même plus bouger ses mains crispées depuis que ses tortionnaires lui ont arraché les ongles.

Un Ouendat traditionaliste, qui vit chez les Iroquois depuis quelques mois, s'approche des prisonniers. Il leur lance d'un ton moqueur :

—Vous auriez dû rester dans votre pays et nous laisser vivre dans le nôtre. Prêtres, je vous réserve un sort spécial… celui du baptême.

Le Ouendat prend un pot rempli d'eau bouillante et le déverse cruellement sur les prisonniers. Le père Lalemant lâche un cri perçant. Il endure difficilement la chaleur qui pénètre ses nombreuses plaies ouvertes. Il admire son ami Brébeuf qui traverse son martyre en silence. Lalemant a déjà lu des descriptions de tortures pratiquées dans des prisons d'Europe. Elles n'ont rien à envier aux souffrances que certains autochtones infligent à leurs prisonniers. Or, rien n'a pu préparer le prêtre pour ce qui l'attend.

Le stoïcisme du père Brébeuf exaspère et impressionne ses tortionnaires. Ils le mettent à mort dans l'après-midi. En guise de respect, les Iroquois font rôtir son cœur, le mangent et ensuite boivent le sang de leur victime. Le jeune fils d'un chef hésite de consommer l'offrande. Son père lui dit fermement:

— Mange. Cela te donnera le courage de ce grand homme.

Les Iroquois continuent de tourmenter le père Lalemant. Ses yeux, couverts de sang, ne voient plus le ciel. Le père Lalemant ne sent plus la douleur, tellement il a mal. Son supplice se poursuit jusqu'au lendemain matin quand il rend enfin son dernier souffle.

La défaite de Saint-Louis est complète. Les Ouendats craignent plus que jamais les redoutables Iroquois. Une lourdeur s'installe à Sainte-Marie. Les Ouendats désarçonnés, savent que les Iroquois chercheront à capturer le poste le mieux défendu de tout le pays ouendat: Sainte-Marie. S'ils réussissent, les Iroquois pourront s'emparer d'une grande quantité de fourrures et se servir de leurs nombreux prisonniers comme monnaie d'échange dans leurs pourparlers avec les Français.

Durant la nuit, Arakhié et Petit Louis se promènent à l'intérieur de l'enceinte de Sainte-Marie. Comme plusieurs autres, l'inquiétude et la tension les empêchent de dormir.

— Tsiko, dit Arakhié, plutôt que de tourner en rond, allons faire le guet.

— Qu'allons-nous guetter? lui demande sans réfléchir Petit Louis

— Bien, les Iroquois, répond Arakhié, exaspéré.

Chaque poste de guet et meurtrière de Sainte-Marie est occupé par des guerriers. Ils ne veulent pas être surpris comme l'ont été leurs voisins en matinée.

Les deux garçons décident alors qu'il ne sert à rien de guetter de l'intérieur. Ils se faufilent donc vers l'extérieur de la palissade. Petit Louis suit Arakhié dans l'obscurité. Ils s'installent silencieusement derrière un bosquet de cèdres. Comme de bons chasseurs, ils attendent patiemment leur proie. Quelques heures s'écoulent dans le silence. Petit Louis s'ennuie et se bat contre le sommeil. Mais il reste muet, car il ne veut pas décevoir Arakhié. Il essaye de bouger le moins possible, malgré les fourmis qui montent dans ses jambes engourdies. Il regarde son ami immobile comme une statue de plâtre. Petit Louis pense: «Moi, je suis peut-être un homme de fer, mais Arakhié, lui a une volonté de fer.»

Petit Louis sursaute quand la main d'Arakhié frôle son bras. Il regarde Arakhié, toujours figé. Il comprend qu'Arakhié a décelé quelque chose dans le boisé. Les yeux de Petit Louis sautillent nerveusement. Il ne voit rien. Il scrute à nouveau l'espace devant lui. Il discerne enfin des formes humaines. Un frisson de peur le fait tressaillir. Le moindre bruit ou mouvement serait fatal. Malgré la froideur qui l'envahit, Petit Louis sent la sueur perler sur son front. Son extérieur est calme, mais tout son intérieur tremble. Les Iroquois sont si près que les deux garçons peuvent observer leurs gestes. Les ennemis épient la palissade, rôdent autour de la mission comme des loups encerclant une bergerie. À la suite d'un temps interminable, les hommes s'éloignent enfin.

Arakhié fait un signe. Petit Louis comprend qu'il faut garder le silence. Son cœur tressaute toujours. Mais, Petit Louis sent ses muscles se détendre. Les amis attendent un bon moment avant de bouger.

Dès qu'ils entrent à l'intérieur de l'enceinte de Sainte-Marie, ils courent voir Tewatirhon, le frère d'Arakhié. Il est à son poste de guet dans la section amérindienne. Arakhié lui raconte ce qu'ils ont vu. Tewatirhon amène les deux éclaireurs rencontrer les chefs qui discutent de leur plan d'action. Petit Louis, toujours ébranlé, admire le calme de son ami. Arakhié a emmagasiné toute ses observations et il raconte avec précision les gestes et le comportement des Iroquois. Les chefs félicitent Arakhié de son sang froid et de ses précieux renseignements. Ils concluent qu'il devait s'agir d'une mission de reconnaissance, le signe d'une attaque imminente. Perdre Sainte-Marie porterait un dur coup aux Ouendats. Cependant, ils savent que la meilleure défense c'est de prendre l'offensive.

※

Arakhié observe son grand frère Tewatirhon se préparer pour la guerre. Il comprend l'importance de la lutte qui se prépare. Par contre, il a peur de perdre son seul frère. Arakhié interpelle Tewatirhon:

—Tu partiras avec les autres au lever du jour?

Tewatirhon pose un regard affectueux sur Arakhié et lui répond passionnément:

—Devant un obstacle, il faut toujours réagir, ne jamais baisser les bras.

# Chapitre VIII

## Le coup fatal

*17 mars 1649*

Petit Louis ne réussit pas à fermer l'œil. Il s'agite en repassant dans sa tête les événements de la veille. Il se glisse donc hors de sa chambre et se rend près des palissades. Tewatirhon, les autres guerriers ouendats et les soldats attendent. Avant l'aube, un groupe d'Iroquois se lance à l'attaque de Sainte-Marie. Un terrible combat s'engage.

Les Ouendats défendent leur territoire avec l'énergie du désespoir. Ils réussissent à éloigner le groupe d'Iroquois de Sainte-Marie. Les belligérants luttent pour leur vie, pour leur honneur, pour leur nation. Petit Louis observe les guerriers jusqu'à ce que l'affrontement se déplace hors de sa vue.

Petit Louis est soulagé de voir la bataille s'éloigner de Sainte-Marie. Il reste pourtant inquiet. Une foule de questions se bousculent dans sa tête. Est-ce que les Ouendats refouleront les Iroquois? Si oui, pour combien de temps? Combien de guerriers périront? Toutes ces questions sans réponses étourdissent Petit Louis. Les réponses devront attendre.

Petit Louis se sent seul. Il pense tout à coup à Arakhié: «C'est surprenant qu'il ne soit pas venu dire adieu à son frère lors du départ des guerriers!» Cette constatation tracasse Petit Louis qui se rend chez son ami. À l'entrée de la maison longue, Petit Louis aperçoit Khiongnona, assise près d'un malade.

Il s'approche et sursaute en dévisageant le malade. «Arakhié! C'est Arakhié!» crie en son for intérieur Petit Louis, horrifié. Son ami est méconnaissable. Une efflorescence à la peau couvre son corps aux prises avec un accès de fièvre. Petit Louis pose un regard sur Khiongnona qui fixe son fils. Petit Louis sait que Arakhié lutte pour sa vie. Il ne sait que faire pour aider son ami. Une larme de détresse se détache de son œil bleu clair.

❧

Les guerriers ouendats livrent aussi une lutte mortelle contre leur ennemi. Ils ont repoussé le premier groupe d'Iroquois, mais, au prix de la mort de plusieurs combattants. Tewatirhon ne voit plus les corps morts qui jonchent le sentier qui mène à Saint-Louis. Il s'acharne aveuglément à frapper ses assaillants. Il n'entend plus les cris des blessés. Le jeune homme n'est plus qu'une machine de guerre.

⁂

Petit Louis s'inquiète vivement de son ami. Il maudit la petite vérole et les Français qui ont apporté cette maladie. Il bouillonne de rage. Il s'insurge.

— C'est injuste, se lamente-t-il. Je me sens inutile.

Khiongnona comprend l'angoisse de Petit Louis.

—Tsiko, lui dit-elle. Nous sommes tous impuissants devant de tels malheurs. Reste à mes côtés et accompagne Arakhié dans son combat.

Petit Louis, ne sachant trop comment aider, accepte. Il oublie la guerre aux portes de Sainte-Marie et se laisse absorber par celle d'Arakhié. Il témoigne de l'amour de Khiongnona pour son fils. La mère réconforte Arakhié, lui fredonne des chants apaisants.

⁂

Dans le champ de bataille à Saint-Louis, le combat s'intensifie encore. Un autre groupe d'Iroquois vient prêter main-forte aux guerriers ayant donné l'assaut le matin. Les Ouendats,

55

épuisés, doivent maintenant confronter ces nouveaux renforts. Malgré leur net désavantage numérique, ils se battent férocement.

Tewatirhon sent une balle d'arquebuse déchirer la chair de sa cuisse gauche et brûler sa peau. Malgré sa blessure, il fonce à nouveau dans la bataille sanglante. Le combat se poursuit même après la tombée du jour. Tewatirhon, qui se bat énergétiquement depuis tôt le matin s'étonne: «Lutter la nuit est tellement contraire à nos habitudes! Moi, qui espérais enfin un moment de répit.»

Cependant, les enjeux de cette bataille sont tellement grands! Pour vaincre, chaque bras doit faire sa part. Pourtant, une grande fatigue envahit Tewatirhon. Sa jambe refuse de bouger. Il pense à sa mère, à son frère. Il pense à la vie. Il se répète pour la millième fois: «Il faut continuer, sinon, nous sommes perdus.»

࿔

— Khiongnona, interpelle la grand-mère du haut de son lit, tu n'envoies pas le petit à l'hôpital des Français?

Khiongnona cesse de chanter. Elle reste pensive pendant un long moment avant de prononcer avec confiance:

— Mon fils est bien avec moi, grand-mère.

La grand-mère hoche la tête en signe d'approbation. Les deux femmes savent que l'hôpital des Blancs est un milieu malsain duquel peu des leurs sortent vivants. Autant combattre la mort ici avec sa mère que l'attendre parmi d'autres condamnés.

— Et le baptême! Il est surprenant que les marchands d'âmes ne soient pas encore à notre porte, constate la vieille femme.

—Tout le monde est tellement préoccupé par les événements que personne ne tente de me convaincre. Et c'est tant mieux. J'ai pu réfléchir en paix. Je suivrai mon mari au paradis des chrétiens. Mais mon fils… qu'il s'en sorte ou non, il restera avec les siens dans la vie comme dans la mort.

—Tu devrais peut-être le confier à ton frère, suggère doucement la veille sage.

Khiongnona a souvent témoigné des forces surnaturelles de son frère. Elle a confiance en lui. Elle lui envoie donc un jeune messager pour lui demander son aide. Elle reprend ensuite son chant mélancolique et prend la main de son fils. L'enfant qui baigne dans sa sueur malgré la fraîcheur du jour, se tourne et se retourne sans cesse.

❧

Le grand chef de guerre des Iroquois essuie le sang de son visage. Il contemple le carnage. «Un autre champ de bataille devenu un cimetière», pense-t-il.

— Sept cents Ouendats sont morts, lui rapporte un guerrier iroquois. Il y a vingt survivants…

Le chef écoute distraitement le rapport. Il scrute le terrain. Il marche entre les cadavres et, tout à coup, se penche sur le corps inerte d'un jeune homme. Il se met à le bercer dans ses bras tremblants, tout en fixant le ciel. Comme s'il cherchait à rassurer l'homme mort, il murmure doucement quelques paroles.

Après un long moment, le chef, ému, se relève. Il se rend examiner les prisonniers. Un jeune ouendat blessé parmi le groupe attire son attention. Malgré l'épuisement qui déforme son visage, le jeune combattant se tient toujours fièrement. Le chef lui demande :

— Quel est ton nom ?

Les yeux enflammés du prisonnier rencontrent son regard.

— Tewatirhon, répond-il.

— Aujourd'hui, lui dit le chef, j'ai perdu un fils qui m'était très cher. Il était jeune et rempli de vie. Tewatirhon, tu remplaceras ce fils. À partir d'aujourd'hui, tu seras mon fils. Je t'adopte.

# CHAPITRE IX

## LES FAUX VISAGES

*19 mars 1649*

La vaillante et farouche résistance des Ouendats a surpris et impressionné les Iroquois. Ils sont découragés. Leurs lourdes pertes leur ont coupé l'ardeur. Ils renoncent donc à attaquer Sainte-Marie, et se replient vers le sud.

Malgré la retraite des agresseurs, la terreur garde son emprise sur le pays des Ouendats.

*23 mars 1649*

La maladie habite toujours le corps d'Arakhié. Elle le traîne dans un enfer de souffrance. Khiongnona et Petit Louis veillent jour et nuit sur Arakhié depuis une semaine. La veille, le père Ragueneau a rendu visite au malade. Il a essayé en vain de convaincre Khiongnona de le laisser baptiser son fils. Son refus est catégorique. Elle attend plutôt l'arrivée de son frère Taratouan, un guérisseur ou shaman, membre de la société de médecine nommée les faux visages. Contre tout espoir, elle espère qu'il arrachera son fils aux griffes de la mort.

L'oncle Taratouan arrive enfin à Sainte-Marie. Il entre dans la maison longue. Les couleurs vives de son masque cérémonial se reflètent dans la faible lumière du feu. En sa présence, Petit Louis se sent de trop. Il s'éloigne d'Arakhié et se cache dans l'ombre. Petit Louis se demande ce que cet oncle masqué pourra faire pour le malade.

Le masque en bois représente le visage d'un être mythique. Les Ouendats croient que ces êtres vivent dans de denses forêts éloignées aux confins rocailleux du monde. Petit Louis n'a jamais vu un tel masque. Il pense : « Si j'étais une maladie, voir ce masque m'effrayerait tellement que je quitterais le corps d'Arakhié. » Et, c'est ce qu'il se met à espérer.

Oubliant son malaise initial, il observe la cérémonie avec vif intérêt. Taratouan s'affaire au dessus du corps du malade. Il secoue énergiquement une sonnette faite d'une carapace de tortue. Il ramasse ensuite des cendres chaudes dans ses mains nues et les éparpille au dessus d'Arakhié. Petit Louis ne comprend ni les incantations, ni le rituel de l'oncle. Mais le mouvement gracieux et la présence surhumaine du guérisseur le fascinent.

Pendant qu'il se concentre sur l'oncle, Petit Louis ne s'aperçoit pas qu'Arakhié a cessé de trembler. Sa fièvre tombe. Un lourd sommeil s'empare de lui. Lorsqu'il se réveille, tout le monde soupire de soulagement. Arakhié est maigre et faible ; il ne fait toutefois plus aucun doute que la maladie l'a quitté. Il est de retour dans le royaume des vivants. Au cours des jours qui suivent, Arakhié reprend ses forces. Toutefois, depuis sa guérison le jeune homme demeure pensif et taciturne. Khiongnona s'inquiète. Son fils n'est pas dans son assiette. Elle se demande ce qui peut bien se passer dans sa petite tête.

# Chapitre X

## La vision

*Mai 1649 (dans la langue des Ouendats, le mois de mai signifie: le temps des semences.)*

Le soleil de mai réchauffe la terre qui se réveille paresseusement en attendant d'être secouée par la semence.

Mais l'année 1649 est différente des autres. Deux mois se sont écoulés depuis les attaques iroquoises féroces. Même si la lutte acharnée de leurs guerriers a réussi à décourager les assaillants, les Ouendats croient que la partie n'est que remise. La peur s'est installée comme un épais brouillard que même le soleil de mai ne réussit pas à dissiper. Plusieurs Ouendats, convaincus de leur faiblesse, se sont déjà dispersés pour s'intégrer à d'autres nations. De nombreuses personnes craignent une nouvelle attaque iroquoise et ressentent l'urgence de trouver un lieu plus facile à défendre.

— C'est vrai que le conseil des chefs discute d'un déménagement?

La question de Petit Louis fait rire Arakhié.

— Demande à tes chefs, lance-t-il à la blague.

–Tu sais bien que je ne serai informé qu'une fois la décision prise, riposte Petit Louis.

— C'est vrai, reprend Arakhié plus sérieusement. Le déménagement serait pour bientôt.

— Les fortifications de la mission ne suffisent pas pour nous protéger des attaques iroquoises? lui demande Petit Louis découragé.

— Même si nous nous réfugions dans la mission, les Iroquois pourront facilement nous couper des autres et détruire nos récoltes, raisonne Arakhié.

— Moi qui croyais m'être enraciné ici! s'exclame Petit Louis.

— La vie nous mène souvent sur des chemins insoupçonnés, affirme Arakhié, songeur.

— Où irions-nous? s'enquiert Petit Louis.

— Il semblerait que les robes noires privilégient un déplacement vers la grande île Manitoulin. Mais nos chefs refusent de se rendre dans cette île du nord, raconte Arakhié. Une bonne partie de notre économie est basée sur l'agriculture. Dans notre pays, la saison sans gel est courte. Dans le nord, elle est trop courte pour que notre maïs puisse pousser. C'est trop risqué. Pas question de changer notre style de vie. Nos chefs veulent plutôt déménager à onze lieues* d'ici, dans l'île Gahoendoe*. La décision est difficile. Le temps presse.

Je suppose qu'on fait ce que l'on peut, dit Petit Louis.

Mais plus souvent, ce que l'on doit, marmonne Arakhié dans son souffle.

🐾

— Tu as rêvé cela! s'exclame Taratouan, impressionné par le récit imagé de son neveu.

— Quand j'étais malade, je croyais qu'il s'agissait d'une vision maléfique. Cela m'avait beaucoup effrayé, avoue Arakhié; depuis, la vision m'est revenue en songe. J'attendais votre visite pour en parler, car je sais que vous sauriez l'interpréter. Je n'en ai pas soufflé mot à ma mère.

Arakhié a déjà entendu parler de visions, mais ne s'y est jamais intéressé. Or, maintenant qu'il a eu sa propre vision, il cherche à en comprendre le sens.

–Tu sais, Arakhié, explique l'oncle Taratouan, ce genre de rêve donne un aperçu d'un événement futur qu'il faut éviter. Il n'y a qu'une façon de contourner le présage: réaliser la vision. Tu devras donc devenir…

— Shaman, termine Arakhié, soulagé d'enfin tout comprendre.

Son questionnement l'avait angoissé plus qu'il ne l'avait cru. Il sait qu'il est impossible de devenir guérisseur dans le monde des jésuites.

Alors, pour réaliser sa vision, il devra se séparer de sa mère qui refusera de quitter le monde chrétien.

Taratouan devine l'inquiétude d'Arakhié.

–Tu penses à ta mère?

Arakhié acquiesce d'un signe de la tête.

— Moi aussi, avoue Taratouan. Elle a choisi sa route, mais elle comprendra que tu dois choisir la tienne. Elle connaît l'importance et la force des visions. Elle aura de la peine, mais son cœur se brisera davantage si tu ne suis pas ta vision.

Les propos de son oncle rassurent Arakhié. Pourtant, il se demande si sa mère le comprendra vraiment.

# Chapitre XI

## Le chant du coq

*Aujourd'hui*

Le chant du coq annonce la levée du jour. Les rayons du soleil n'atteignent pas encore la terre humide. La nuit a été courte. Tous les Attignawantans, à la recherche d'un peu de chaleur, se regroupent avec empressement près du feu matinal.

— Tu parles d'un drôle de réveil matin, chigne Sébastien, endormi, en s'approchant du feu. Il sonne à une drôle d'heure à part de ça!

Julie lui lance un regard débordant de reproches.

— Oups! s'exclame Sébastien, penaud en voyant l'expression de son amie. J'avais oublié ma promesse!

Sébastien regarde le sol. Il enfouit ses mains dans ses poches et bredouille:

— Je m'excuse Julie. Mais je n'ai pas fermé l'œil de la nuit. Je pensais au fantôme qui rôde dans l'hôpital.

Julie se fâche :

— Si tu penses que je vais croire à ces niaiseries, Sébastien Louverture, tu te trompes. Des fantômes, ça n'existe que dans ton imagination. Tu as probablement tout inventé pour me faire peur. Ça ne marchera pas. J'ai peut-être peur de la noirceur, mais pas des esprits. Je n'y crois pas plus aujourd'hui qu'hier soir.

— Julie, je te jure qu'hier soir, je n'ai rien inventé.

Sébastien, exaspéré, voit bien qu'il ne pourra pas convaincre son amie.

— N'en parlons plus. Concentre-toi sur ta promesse d'être positif, lui rappelle Julie. Sébastien fait la moue :

— Je n'aurais jamais dû promettre de ne pas chialer. C'est plus fort que moi. On ne pourrait pas laisser tomber notre entente d'hier soir ?

— Une promesse, c'est une promesse Sébastien ! objecte Julie. Sébastien dévisage Julie et supplie :

— Je pourrais remplacer tes biscuits par d'autres biscuits ?

La suggestion impressionne peu son amie. Sébastien tente toutefois désespérément de se libérer de sa promesse.

— Tiens, Julie, je te donnerai ma bande dessinée préférée de Gaston Lagaffe si tu me dégages de ma promesse. Tu ne peux pas refuser. Ça fait des mois que tu la veux cette bédé.

— Penses-y même pas, répond Julie. Tu as promis, un point c'est tout.

Julie n'en démord pas au grand désespoir de Sébastien. Elle ne lui donne même pas la chance de présenter une contre-offre. Elle se tourne, et, d'un pas déterminé, elle s'approche de madame Vadeboncœur, qui s'occupe du feu, pour lui offrir son aide.

— Merci Julie, dit madame Vadeboncœur. Si tu veux, tu pourrais aller chercher quelques bûches.

— Je peux t'accompagner, offre Sébastien. Quelques petits voyages de bois me réchaufferont et me creuseront l'appétit!

Julie accepte l'aide de Sébastien, qui lui fait un beau sourire amical. Pourtant, Sébastien maugrée intérieurement: «Creuser mon appétit. J'ai déjà tellement faim que je pourrais manger un ours. Pas n'importe quel ours, un gros. Pas un bébé mais un grand-père ours.»

— J'ai confiance en toi Sébastien, lui dit Julie en ramassant une brassée de bois. Une journée de pensées positives. T'es capable!

Mais Sébastien a des doutes. «C'est vrai que j'ai donné ma parole, songe-t-il. Rien, sauf ma gloutonnerie, ne m'obligeait à prendre un tel engagement. En tout cas, je dois faire mon possible. Je ne ferai jamais plus de telles promesses!»

Après le petit déjeuner, les groupes se rendent à leurs postes d'activités. Les Attignawantans quittent l'extérieur frisquet et défilent à l'intérieur du bâtiment moderne.

— Cet édifice me plaît. Il est chaud et les chaises ont de vrais dossiers, constate Sébastien. Pour taquiner Julie, il ajoute d'un ton exagéré :

— Je vais adorer cette activité, peu importe ce qu'on fait !

Je suis content de voir des élèves enthousiastes parmi vous ce matin, dit l'animateur de l'activité. Je m'appelle Nathaniel Laurin. Et ma passion, c'est la généalogie.

Luce ajoute :

— Vous êtes chanceux, chers Attignawantans. Monsieur Laurin visite ses parents dans le village voisin de Lafontaine. Il a offert quelques heures de son précieux temps pour initier quelques volontaires à l'art de la recherche généalogique. C'est une occasion rare.

— Alors, qui veut passer quelques heures avec moi ? lui demande Nathaniel en jetant un coup d'œil du côté des élèves.

Lorsque ses parents parlent de leurs cousins et de leurs cousines, ou d'un tel qui est parenté à un tel, Sébastien s'ennuie royalement. Malgré l'allure sympathique de Nathaniel, le garçon espère qu'il ne sera pas parmi ceux qui travailleront avec le généalogiste. Comme d'habitude, plusieurs élèves lèvent la main et se portent volontaires pour suivre l'atelier. Sébastien est soulagé ; il va éviter le pire. Mais soudainement, Nathaniel surprend Sébastien en s'adressant directement à lui :

— Et toi, qui était tout feu tout flamme il y a quelques minutes, ça t'intéresse la généalogie ?

Sébastien s'apprête à lui dire la vérité. Que la généalogie ça ne le touche vraiment pas du tout… Qu'il est certain que cela l'ennuiera à mort… Qu'il n'aime que les sports et la nourriture… Qu'il préfère laisser sa place à un autre… Mais, du coin de l'œil, il voit le sourire de Julie. En plus, il pourra passer une partie de la journée loin de son œil «positif». Il ravale donc ses mots et déclare avec une fausse sincérité.

— Ce serait tout un privilège de suivre votre atelier, M. Laurin, et j'y participerai avec grand plaisir.

# CHAPITRE XII

## L'INCENDIE

*14 mai 1649*

Les langues de feu lèchent les palissades de bois séchés par le soleil. Les flammes, attisées par le nordet, enveloppent les maisons longues de leurs bras envahissants. La chapelle Saint-Joseph s'écrase lourdement au sol. En quelques heures, le feu anéantit le grand rêve des jésuites.

Le crépitement du feu hypnotise Petit Louis qui observe l'incendie dévorer Sainte-Marie. Une étincelle lui brûle la peau de la main et le rappelle à la réalité. Une grande tristesse l'envahit.

— Viens, Petit Louis, il ne sert à rien de s'attarder ici, lui dit le père Ragueneau, le supérieur de la mission Sainte-Marie.

Petit Louis regarde cet homme. Il pense à la force intérieure qui doit l'habiter. Pour la centième fois, Petit Louis recrée l'image du père Paul Ragueneau qui, d'un signe de la main, a ordonné d'allumer l'incendie. Ce geste, il le conservera longtemps dans sa mémoire. Comment un homme peut-il prendre la décision de détruire un endroit bâti avec tant de peine?

— Viens, répète le père Ragueneau, nous avons une longue route à parcourir avant la tombée du jour.

Petit Louis, abasourdi, dévisage le jésuite et lui demande naïvement:

— Père Ragueneau, comment avez-vous pu mettre le feu à Sainte-Marie? Je n'y comprends rien.

Sans hésiter, le père Ragueneau explique sa décision:

— Voir le labeur de dix ans disparaître me déchire. Mais, nous ne sommes pas les premiers, et nous ne serons pas les derniers à détruire notre foyer de peur qu'il tombe entre les mains de nos ennemis. Nous voulons empêcher les Iroquois ou les Hollandais d'occuper Sainte-Marie et de s'en servir comme poste de traite. Maintenant, nous devons rebâtir ailleurs et nous préparer pour l'hiver.

Le père Ragueneau regarde Petit Louis s'éloigner. Sa conversation avec le jeune homme lui a inspiré les mots pour raconter cet affreux événement à ses supérieurs en France. Dans sa tête, il construit la phrase qu'il écrira plus tard dans les *Relations*, le rapport annuel que les jésuites publient au sujet de leurs efforts en Nouvelle-France: «De crainte que nos ennemis trop impies, ne profanassent ce lieu de sainteté, nous y mîmes le feu nous mêmes, et nous vîmes brûler à nos yeux, en moins d'une heure, nos travaux de dix ans.»[1]

Petit Louis se joint donc au groupe de réfugiés, formé surtout de chrétiens, qui prennent la fuite vers l'île Gahoendoe. Petit Louis n'a pas le choix: il suit les jésuites. Mais l'événement provoque un autre départ tout aussi douloureux. Arakhié a décidé de laisser sa mère et de suivre la voie exposée dans son rêve. Même si Petit Louis connaît les motivations d'Arakhié, sa décision l'ébranle.

— Où iras-tu, Arakhié? lui demande Petit Louis.

— La situation actuelle est complexe, répond Arakhié. Pour l'instant, j'intégrerai la nation algonquienne.

— Il n'y a rien à ton épreuve, Arakhié. Tu es laborieux, habile et compatissant. Tu seras un excellent shaman, prédit Petit Louis.

Le moment de la séparation est plus difficile encore que ne l'avait imaginé Petit Louis. Il regarde Arakhié, encore plus imposant que d'habitude. Du revers de la main, Petit Louis essuie quelques chaudes larmes qui coulent sur ses joues. Son émotion noue sa gorge et l'empêche d'émettre un son. Arakhié lui dit:

— Tsiko, mon grand ami. J'apprécierais que tu veilles sur ma mère.

1 - Extrait de la page 7 des *Relations des jésuites depuis l'été 1649 jusqu'à l'été 1650*, écrit par Paul Ragueneau.

75

Petit Louis acquiesce d'un léger signe de la tête. Arakhié lui donne une accolade et lui souffle doucement à l'oreille :

— Tsiko, souviens-toi des « Trois Sœurs ».

— Je m'en souviendrai, promet Petit Louis.

Arakhié laisse Petit Louis près de l'eau et se dirige vers sa mère. Ils parlent, se regardent longuement et s'embrassent une dernière fois.

Arakhié part avec son oncle. Les exilés ouendats et français entament aussi une vie nouvelle. Embarquant alors sur un grand radeau, chargés de leurs maigres possessions et du bétail, ils traversent les quelques kilomètres qui séparent l'île de la terre ferme.

Le regard de Petit Louis se perd dans les eaux limpides de la Mer Douce*. Cet exil est tout à fait différent de celui qu'il a vécu en quittant la France. Lors de ce premier départ, personne n'était venu lui dire au revoir. Cette fois, les adieux sont pénibles. Cette petite traversée ne se compare nullement à la longue et pénible traversée de l'Atlantique ; contrairement à ce qui s'est produit lors son départ de France, Petit Louis regrette déjà sa vie à Sainte-Marie.

Les doigts de Petit Louis frôlent la petite poupée de maïs qu'il avait enfoui dans ses poches avant de quitter Sainte-Marie. En pensant à l'amitié d'Arakhié, il sent son cœur se réchauffer.

Le regard de Petit Louis croise celui de Khiongnona. Elle lui sourit doucement. Tout comme lors de la maladie d'Arakhié, Petit Louis se calme. Il va puiser dans la force du réconfort de cette femme qui vient de perdre son fils. Une pensée le trouble : « Serai-je capable de veiller sur elle, comme je l'ai promis ? »

# Chapitre XIII

## La disette

*Août 1649 (Dans la langue des Ouendats, le mois d'août signifie: le mois qui voit le maïs se former.)*

Le soleil écorche la peau brunie de Petit Louis. Depuis son arrivée dans l'île, l'établissement de Sainte-Marie II occupe tout son temps. Sa participation active aux nombreux travaux urgents de construction et de défrichage le propulse dans le monde adulte. De plus, il se sent maintenant responsable de Khiongnona, la mère de son ami. Toutes ces responsabilités accrues le vieillissent.

Petit Louis regarde le bâtiment principal de l'établissement construit à trente mètres du bord de l'eau. Il examine ce fort disposé dans un carré de 37 mètres. À chaque coin du fort: un bastion. Au milieu: une citerne pour l'eau. Petit Louis voit le fruit du travail acharné des bâtisseurs. Les murs de l'enceinte sont solidement construits de grosses pierres, le tout selon les règles de l'architecture militaire. Il espère que le fort résistera à une attaque iroquoise. Les Iroquois rôdent toujours autour du nouvel établissement. De plus, un autre danger menace les exilés : la disette.

Petit Louis pose un regard inquiet sur la piètre récolte de maïs. Pour assurer une bonne récolte, il aurait fallu consacrer plus de temps à défricher le terrain. En plus du manque de terre, Dame Nature s'est mise de la partie. En cet été de l'an 1649, elle a capricieusement gardé la pluie dans ses nuages.

Les travaux habituels des autochtones, nécessaires à la survie, ont été escamotés par le déménagement. Petit Louis sait que les jésuites possèdent une réserve de nourriture suffisante pour nourrir les Français pendant un an. Mais, cela ne suffira guère pour combler les besoins des nombreux Ouendats qui les ont suivis. Petit Louis s'inquiète vivement de cette situation. Il ose à peine imaginer les conséquences désastreuses d'un manque de vivres une fois l'hiver arrivé.

Comme d'habitude, le soir, après sa journée de travail, Petit Louis se promène le long du littoral. Il tente de mettre de côté ses lugubres pensées. Le scintillement des étoiles dans l'eau couleur d'encre l'amuse. Il pense souvent à Arakhié qu'il associe à la constellation Cassioppé. Il l'entend murmurer : « La vie nous a choisis et il faut la vivre pleinement du mieux que l'on peut. »

Petit Louis pense souvent à la grandeur de ce vaste pays, à la Nouvelle-France, et à tout le chemin qu'il a parcouru pour s'y rendre. Il s'imagine parfois en conversation avec le père Lalemant. Celui-là même qui lui avait appris que le bonheur dépend de nous, qu'une attitude positive renverse le désespoir. Une autre voix interrompt ses pensées. Le père Ragueneau l'interpelle :

— Bonsoir, Petit Louis, que te dit le ciel ce soir ?

— Il me dit, répond calmement Petit Louis, que je suis petit devant l'immensité de ce monde naturel.

— Quoi d'autre encore ? poursuit le père qui cherche à connaître le fond de sa pensée.

— Il me dit que l'hiver sera bientôt à nos portes et qu'il n'y a pas assez de vivres pour nourrir la population de cette île. Il faut donc agir pour combler cette pénurie.

Le père Ragueneau est un fin observateur. Il a vu Petit Louis s'adapter rapidement aux exigences de la vie dans ce vaste pays presque inhabité. Il a remarqué son aise grandissante à se déplacer dans la forêt, sur l'eau, chez les Ouendats. Petit Louis est devenu un travailleur infatigable, adroit et fiable.

— Que ferais-tu à ma place, Petit Louis ?

La question surprend le jeune homme. Il dévisage le père Ragueneau :

— C'est bien la première fois que vous cherchez mes avis.

81

— Tu n'es plus petit, Petit Louis. J'ai l'impression que tu sens le pouls de la population ouendate mieux que les autres Français.

Petit Louis réfléchit un moment. Son regard franc rencontre celui du père Ragueneau.

— Cet automne, nous pourrions acheter des provisions de nos voisins les Algonquins.

❧

Petit Louis regarde les vivres entreposés. Le donné, Robert Le Coq, retrousse les amples manches de sa chemise de coton et lui annonce :

— Nous avons obtenu 500 minots de glands et du poisson séché des Algonquins.

— C'est nettement insuffisant, déclare Petit Louis. La population de l'île continue à grimper. Bientôt, nous compterons plus de 6 000 habitants. Comment allez-vous distribuer cette nourriture ?

— Chaque matin, lui répond Robert, les jésuites remettront, selon leur bon jugement, des jetons à certains Ouendats. Vers midi, ces derniers se rassembleront à la porte de la résidence des missionnaires et, contre leurs jetons, ils obtiendront des glands et du poisson séché.

Petit Louis écoute l'explication, horrifié. Il prédit amèrement :

— Je suppose que certains Ouendats, plus dignes que les autres recevront en plus de la farine de maïs.

— C'est juste, reconnaît Robert. La nourriture, c'est pour les croyants.

Tout comme Petit Louis, les Ouendats comprennent vite le système. Les chances de recevoir une plus généreuse portion de nourriture augmentent avec les démonstrations accrues de dévotion chrétienne. Ainsi, entre la mi-mars et la fin juillet 1649, 1 400 Ouendats se convertissent à la religion des jésuites. Et ce n'est que le début des conversions en masse.

*Février 1650 (Dans la langue des Ouendats, le mois de février signifie: le mois qui verra le jour s'allonger à nouveau.)*

Khiongnona piétine sur place pour réchauffer ses pieds engourdis par le froid hivernal. Elle interpelle Petit Louis:

— Bonjour, Tsiko. Ta visite m'a manqué hier soir. Je t'apporte un souper.

Petit Louis hésite à accepter cette nourriture, car il sait combien celle-ci est rare. Depuis l'arrivée de l'hiver, les Ouendats meurent comme des mouches. Certains périssent de faim, d'autres de maladies contagieuses. Celles-ci deviennent encore plus mortelles, particulièrement chez les enfants, car la malnutrition diminue progressivement la résistance à l'infection. De leur côté, les Français sont rarement malades: ils mangent à leur faim. Les jésuites justifient leur condition en se disant que, c'est leur devoir de rester en bonne

83

santé afin de pouvoir remplir efficacement leurs tâches auprès des mourants.

Pourtant, depuis quelques mois, Khiongnona voit Petit Louis maigrir à vue d'œil. Elle sait qu'il se prive souvent de nourriture afin d'offrir sa part à un malade, à un enfant. Ce matin là, elle s'est donc décidée de lui apporter un repas. C'était la seule façon de s'assurer que Petit Louis mange un peu.

— J'aurais aimé t'offrir du poisson frais, dit Khiongnona, mais cette année, impossible de percer un trou dans la glace, tellement elle est épaisse. Je t'ai quand même apporté de la sagamité. Tu es devenu maigre comme un clou.

— Ce repas, quelqu'un d'autre en a besoin plus que moi, dit Petit Louis.

–Tout le monde en a besoin. Toi aussi, affirme Khiongnona. Je t'interdis de l'offrir à quelqu'un d'autre. Tu as raison, il faut penser aux autres. Mais ton corps a besoin d'un minimum de nourriture, sans quoi tu deviendras malade.

Petit Louis apprécie la sollicitude de Khiongnona. Il constate que ça fait chaud au cœur de se savoir aimé. Il accepte donc le repas pour faire plaisir à Khiongnona.

— En te privant ainsi de nourriture, poursuit Khiongnona, tu cours vers la mort. Et il y en a déjà trop eu!

# CHAPITRE XIV

## LE DÉRACINEMENT

*Juin 1650 (Dans la langue des Ouendats, le mois de juin signifie: le mois qui voit mûrir les fraises.)*

Le cruel hiver, qui a fait tant de ravages, a pris fin. Les survivants ouendats sont tellement affaiblis qu'ils ne peuvent même plus enterrer leurs morts. Quelques prêtres et des laïcs français se chargent de sortir les cadavres qui s'entassent dans les maisons et de les enterrer.

Au début du mois de mars, quelques bandes ont quitté l'île à la recherche de nourriture. Certains sont passés à travers la glace fondue par le soleil. Ceux ayant réussi à mettre les pieds sur la terre ferme ont été assassinés par les Iroquois. Le temps est devenu plus clément, mais la situation demeure toujours désespérée.

Les rumeurs de nouveaux massacres de villages reprennent. Ainsi, dans la nuit de ce début d'été, loin de la présence française, les chefs autochtones de l'île se rassemblent en conseil. Ils cherchent une résolution à l'impasse. L'aîné des chefs prend la parole :

— Deux armées iroquoises seraient en route pour Ouendake. Les Iroquois veulent nous empêcher de nous établir à nouveau dans nos anciens villages et de reprendre la culture de nos terres. Ils tueront ou captureront ceux qui tenteront de le faire. Nous ne pouvons plus défendre notre territoire ancestral.

— Pourquoi les Iroquois nous haïssent-ils autant ? lui demande un jeune chef, découragé.

La voix affaiblie d'un homme, ravagé par la faim, se fait entendre.

— Détrompe-toi, ce n'est pas la haine qui les motive. Leur population aussi a été décimée par les maladies et les guerres. Les Iroquois souhaitent ardemment que leurs pressions nous incitent à nous intégrer à eux. Ils ont la même tradition de l'adoption de leurs ennemis que nous. Certains des nôtres voudront probablement s'unir avec des parents qui sont déjà devenus des Iroquois.

–Tu as raison. Mais je refuse de m'intégrer aux Iroquois, tranche le chef aîné. Et cette île nous offre peu de chance de survie ! Allons-nous partir ou mourir ?

L'orateur fait une pause. Il regarde les hommes qui l'entourent :

— Aucun parmi le groupe n'a la solution magique.

# Chapitre XV

## La lettre

*2 octobre 1665*

*Mon très cher Arakhié,*

*Je sais que tu trouveras un traducteur qui te permettra de prendre connaissance du contenu de cette missive. Dans la langue ouendate, qui se prête si peu à l'écrit, les messages s'envolent comme des oiseaux.*

*Il y a seize ans, nos chemins se séparaient. Depuis ce temps, chaque fois que j'observe le ciel étoilé, je pense à toi et à notre amitié que je chéris toujours.*

*Il m'est douloureux de t'annoncer que ta mère est décédée cette année. Depuis ton départ, Khiongnona a été une mère pour moi qui n'ai jamais connu la mienne. J'ai profité de toutes ses gentillesses à ta place. Elle nous a quittés sans douleur dans la fraîcheur d'une nuit de pleine lune. Elle voulait tant revoir les membres de sa famille, surtout son Arakhié. Les circonstances de la vie en ont voulu autrement.*

*Je te recherche depuis quelques années. Mais, les houleuses relations franco-iroquoises ont rendu la tâche difficile. C'est par bonheur que j'ai enfin trouvé ta piste. Un jour, un autochtone qui revenait de votre pays a parlé des exploits d'un certain grand guérisseur iroquois d'origine ouendate. Je savais que plusieurs Ouendats s'étaient intégrés chez les Iroquois. La réputation de ce shaman de la société des guérisseurs des faux visages était plus grande que nature. J'ai tout de suite pensé qu'il devait s'agir de mon ami Arakhié. J'ai posé mille questions. Le pauvre n'en connaissait pas beaucoup plus, mais je sentais que c'était bel et bien toi. J'ai fait quelques autres enquêtes jusqu'à ce que je puisse confirmer que ce guérisseur c'était effectivement mon ami. J'ai jubilé de te savoir encore vivant. Je suis heureux que tu aies accompli ta vision. Malheureusement, ta mère n'était plus là pour fêter avec moi. Mais, je t'assure qu'elle a toujours cru que tu es né sous une bonne étoile. Elle n'a jamais douté que tu réaliserais ta vision.*

*Depuis notre séparation, ta mère et moi avons vécu plusieurs bouleversements, différents des vôtres sans doute. Lorsque les chefs ont décidé d'abandonner l'île de Gahoendoe en juin 1650, ta mère a été déchirée. Elle ne voulait pas quitter la terre de sa naissance, mais elle comprenait qu'elle n'avait guère le choix. Elle voulait toujours aller rejoindre son mari dans le paradis des chrétiens. En plus, avec les Iroquois qui guettaient, elle craignait avoir peu de chance de te* rejoindre. D'ailleurs, elle ne savait plus où te trouver. En temps de guerre, les communications sont toujours si difficiles.

Les rescapés de votre peuple ont essayé de garder le groupe ensemble. Voilà pourquoi ils ont demandé aux jésuites de les amener à Québec.

Nous avons quitté votre beau pays (que j'espère de tout mon cœur revoir un jour, si la paix peut s'établir sur ce continent), avec la moitié des 600 Ouendats qui restaient dans l'île. L'autre moitié a décidé d'y demeurer le temps d'une récolte, en espérant ensuite de nous rejoindre à Québec.

Un chef ouendat s'était rendu l'année précédente à Québec demander la permission d'installer des réfugiés ouendats dans la ville. Chez les Français, la charité publique, c'est l'affaire des ordres religieux. Ces derniers ont accepté d'accueillir certains autochtones, les plus pieux. Entre temps, nous sommes arrivés à Québec avec le père Ragueneau. Tu te souviens peut-être de lui? Tu sais celui qui avait décidé de brûler Sainte-Marie. Dès notre arrivée, il est devenu clair que les édifices de Québec étaient nettement insuffisants. Le 19 mars 1651, les jésuites ont réussi à nous obtenir une terre appartenant à Éléonore de Grandmaison, située à l'extrémité ouest de l'île d'Orléans. Nous y sommes donc déménagés.

Au début, n'ayant pas de famille, je suis resté prêter main-forte aux nouveaux arrivés. J'y suis toujours. Où serais-je allé? Depuis, j'ai épousé une belle femme ouendate. Je me sentais plus à l'aise parmi les siens, qu'elle parmi les Français. Nous avons deux filles et un fils qui se nomme Louis-Arakhié. Je crains qu'il n'ait jamais le bonheur de te rencontrer, mais je lui raconte la grandeur de ton âme. Je lui raconte ta compassion. Je lui raconte surtout l'importance des «Trois Sœurs». J'espère qu'un jour il aura une âme aussi grande que la tienne.

Puisqu'il m'est impossible de me rendre dans le pays de nos «ennemis», les Iroquois, j'ai grassement payé cet émissaire pour te faire parvenir cette lettre. J'espère que tu la recevras bientôt.

Je t'embrasse, cher ami,

Petit Louis Léger, dit Tsiko

# Chapitre XVI

## Les ancêtres

*Aujourd'hui*

La dernière journée de l'expérience Sainte-Marie tire à sa fin. Les élèves rassemblent leurs bagages et s'entassent dans l'autobus scolaire. Madame Vadeboncœur exige le silence au-dessus des voix bavardes du groupe. Elle fait l'appel du nom de chacun des participants afin de s'assurer de la présence de tous. Tout le monde répond, sauf Sébastien. Elle sort de l'autobus un peu irritée de ce contretemps.

Julie descend elle aussi de l'autobus :

— Si vous le voulez, Madame Vadeboncœur, je pourrais partir à la recherche de Sébastien.

— Ce n'est pas la peine, lui répond l'enseignante, regarde qui arrive.

En effet, la brebis perdue arrive à la course, suivie de Nathaniel qui offre ses excuses à l'enseignante :

— Mille pardons, Madame, nous avons perdu toute notion du temps. Une fois l'atelier terminé, Sébastien a voulu poursuivre sa recherche.

« Sébastien ! » s'étonne Julie en regardant les cheveux ébouriffés et les yeux brillants de son ami.

— Je m'excuse, Madame Vadeboncœur, prononce Sébastien essoufflé. Je faisais une recherche généalogique avec M. Laurin… et nous avons fait une découverte extraordinaire… et je ne voyais pas le temps passer… et…

— Ça va, ça va, Sébastien, l'interrompt Madame Vadeboncœur, tu nous raconteras tout ça dans l'autobus. Nous avons déjà pris du retard.

Julie et Sébastien montent dans le grand véhicule orange, tandis que leur enseignante rassure Nathaniel Laurin :

— Quelques minutes de retard c'est bien peu pour voir la flamme que vous semblez avoir allumée chez Sébastien.

À son tour, elle remonte dans l'autobus, curieuse de connaître la « grande découverte » qui a tant excité Sébastien. En voyant Julie et Sébastien en tête-à-tête fort animé, elle décide d'attendre un peu.

— Raconte Sébastien, exige Julie. Qu'as-tu fait dans cet atelier qui t'as tant intéressé ?

— Nous avons effectué une recherche généalogique sur ma famille, relate Sébastien.

92

— Ça ne t'a quand même pas pris la journée pour ça! Des Louverture, ça ne pleut pas au Canada, fait remarquer Julie.

— Franchement Julie, lui reproche Sébastien. Ce n'est pas parce que je m'appelle Louverture que je n'ai pas d'histoire! C'est vrai qu'avec les outils de recherche que nous avions en main aujourd'hui, je pouvais difficilement retracer mes origines haïtiennes. Mais, tu oublies que la généalogie ça touche aussi le côté de ma mère.

Julie rougit de honte. Comment avait-elle pu oublier que Sébastien était non seulement le fils de son père, mais aussi le fils de sa mère? Sébastien lui avait raconté l'histoire de la fuite de son grand-père paternel, un réfugié politique, vers le Canada. Cela l'avait vivement intéressée. Maintenant, elle constate qu'elle n'a jamais pensé à s'informer des origines de la mère de Sébastien.

— Ce que j'ai appris, reprend Sébastien, heureux de partager ses trouvailles avec son amie, c'est que mes ancêtres du côté de ma mère ont déjà vécu en Huronie.

Julie ne comprend toujours pas l'excitation de Sébastien. Celui-ci s'empresse alors de l'éclairer:

— Mon ancêtre a habité la mission Sainte-Marie dans le temps des jésuites!

— Au XVII$^e$ siècle? lui demande Julie, incrédule. Sébastien hoche la tête et poursuit son récit:

— C'était un jeune Français, nommé Louis Léger. Il avait accompagné les jésuites. Ensuite, lorsqu'il s'est établi au Québec, il a épousé une Ouendate. Ils eurent plusieurs enfants qui eurent plusieurs enfants qui eurent plusieurs enfants…

— Qui eurent plusieurs enfants, ajoute Julie en riant.

Il existe toujours une communauté de descendants ouendats près de la ville de Québec. Mais, au XIX$^e$ siècle, mes aïeuls se seraient complètement intégrés à la société blanche.

Julie est un peu bouleversée. Elle a toujours cru qu'à cause de ses longues racines dans le pays, qu'elle était plus canadienne que Sébastien. Après tout, ses ancêtres sont arrivés au pays à la fin des années 1700. Ils ont habité au pays depuis plus longtemps que les Louverture. Et voilà que Sébastien vient de découvrir que ses ancêtres habitent le Canada depuis plus longtemps encore. Il lui faut un petit moment avant de comprendre qu'elle et les autres sont sur un pied d'égalité. Elle se sent honteuse devant ses pensées. «C'est vrai que nous sommes tous des immigrants dans cette vaste terre d'accueil», conclut-elle.

Sébastien est tellement empressé de déballer son histoire qu'il ne voit pas l'air distrait de Julie. Enfin, il déclare :

— Et j'ai appris tout cela, grâce à toi. Sans toi, je n'aurais jamais accepté de participer à l'atelier. Au départ, je pensais juste de m'éloigner de toi. C'était une façon lâche de me défaire de ma promesse. Loin de tes oreilles, je pouvais bien dire ce que je voulais sans me sentir coupable. Et voilà, que même en ton absence, j'ai réussi à passer une journée sans chigner. Julie, tu réussis toujours à faire ressortir le meilleur chez les autres, lui confie Sébastien, reconnaissant.

Julie sent son visage rougir.

— En guise de remerciement, ajoute galamment Sébastien, je t'offre un petit cadeau.

Il fouille dans le fond de son sac, en retire un objet un peu écrasé et le présente à Julie. Elle prend doucement l'objet jaune paille dans ses mains. C'est la petite poupée en maïs qu'a fabriquée Sébastien. Julie contemple d'abord la délicate poupée et ensuite Sébastien. Elle lui dit chaleureusement :

— Tiawenk, Sébastien Louverture, descendant de Louis Léger !

# LEXIQUE

*Agniers* : nation amérindienne iroquoise, membre des Cinq-Nations. Elle habite au sud du lac Ontario.

*Agnonga* : nom dans la langue des Ouendats qui signifie, homme de fer et qui désigne l'homme blanc.

*Algonquins* : nation amérindienne qui dans les années 1600 habitait au nord de Ouendake.

*Attignawantan* : nom (signifie ours) du plus grand groupe d'autochtones ouendats.

*Gabriel Lalemant (saint)* : missionnaire jésuite français chez les Ouendats, né en 1610. Il fut tué par les Iroquois en 1649.

*Gahoendoe* : île dans la baie Georgienne près de Sainte-Marie. Aujourd'hui, l'île est une réserve autochtone ojibwé, nommée l'île aux Chrétiens.

*Hurons* : le nom donné par les Français au groupe d'autochtones qui habitaient dans la région aujourd'hui appelée comté de Simcoe, en Ontario.

Dans leur langue, les Hurons s'appellent Ouendats. Les Français leur donnèrent ce nom en raison de leur façon de se tailler les cheveux en une «hure» ou lisière dans le milieu de la tête.

*Huronie*: région qui comprend le nord du comté de Simcoe, endroit où habitaient autrefois les Ouendats.

*Jean de Brébeuf (saint)*: missionnaire jésuite chez les Ouendats, né en 1593. Il fut tué par les Iroquois en 1649.

*Jésuites*: groupe de prêtres catholiques qui sont membres de la compagnie de Jésus, fondé en Europe en 1534. Les jésuites ont fondé la mission Sainte-Marie dans le but de convertir les Amérindiens à la religion catholique.

*Lieue*: ancienne mesure de distance qui valait environ quatre kilomètres.

*Manitoulin*: île au nord de la baie Georgienne.

*Marais Wye*: marais en bordure de la mission Sainte-Marie; aujourd'hui, on y trouve une réserve faunique.

*Mer Douce*: le nom donné par Samuel de Champlain à ce qu'on appelle aujourd'hui la baie Georgienne.

*Ouendake*: territoire où habitaient les Ouendats et qui, dans leur langue, signifie la péninsule.

*Ouendats*: nation amérindienne qui vivait sur les côtes du sud de la baie Georgienne en Ontario. Les Français les baptisèrent Hurons.

*Ragueneau, Paul* : supérieur de la mission Sainte-Marie.

*Saint-Louis* : village autochtone situé à treize kilomètres à l'est de Sainte-Marie.

*Sainte-Marie II* : nouvelle mission Sainte-Marie construite dans l'île Gahoendoe après la destruction de la première mission Sainte-Marie.

*Sainte-Marie-au-pays-des-Hurons* : mission fondée par les jésuites français en 1639. Aujourd'hui, il s'agit d'un site historique qui présente l'histoire de la mission.

*Société des faux visages* : groupe de guérisseurs, de médecins parmi les nations de culture iroquoïenne.

*Taenhatentaron* : nom autochtone qui désigne le village de Saint-Ignace.

*Tiawenk* : mot huron qui signifie merci.

*Tsonnontouans* : nation amérindienne iroquoise, membre des Cinq-Nations qui, dans les années 1600, habitait au sud du lac Ontario.

# TABLE DES MATIÈRES

# Dans la même collection

— 8. *Le chant des loups* (Sébastien de French Hill, tome 1), Françoise Lepage, 9 ans et plus, ISBN 978-2-921463-78-2

— 9. *Le montreur d'ours* (Sébastien de French Hill, tome 2), Françoise Lepage, 9 ans et plus, ISBN 978-2-921463-81-2

—10. *Dure, dure ma vie!*, Skip Moën, 12 ans et plus, ISBN 978-2-921463-71-3

— 11. *Le héron cendré* (Sébastien de French Hill, tome 3), Françoise Lepage, 9 ans et plus, ISBN 978-2-921463-84-3

— 12. *Quand la lune s'en mêle...*, Marguerite Fradette, 12 ans et plus, ISBN 978-2-921463-88-1

— 13. *Gontran de Vilamir*, Michèle LeBlanc, 12 ans et plus, ISBN 978-2-921463-87-4

— 14. *Poupeska*, Françoise Lepage, 9 ans et plus, ISBN 978-2-923274-09-6

— 15. *Monnaie maléfique*, Stéphanie Paquin, 9 ans et plus, ISBN 978-2-921463-90-4

— 16. *À la vie à la mort*, Micheline Marchand, 12 ans et plus, ISBN 978-2-923274-12-6

— 17. *Alexandre et les trafiquants du désert*, Jean Mohsen Fahmy, 12 ans et plus, ISBN 978-2-923274-08-9

— 18. *La maison infernale*, Michel Lavoie, 14 ans et plus, ISBN 978-2-923274-32-4

— 19. *William à l'écoute!*, Johanne Dion, 10 ans et plus, ISBN 978-2-923274-43-0

— 20. *Aurélie Waterspoon*, Gilles Dubois, 14 ans et plus, ISBN 978-2-923274-51-5

— 21. *Les chercheurs d'étoiles*, Françoise Lepage, 10 ans et plus, ISBN 978-2-923274-44-7

— 22. *La piste sanglante*, Gilles Dubois, 14 ans et plus, ISBN 978-2-923274-20-1

Les Éditions L'Interligne
261, chemin de Montréal, bureau 306
Ottawa (Ontario) K1L 8C7
Tél. : 613-748-0850 / Téléc. : 613-748-0852
Adresse courriel : communication@interligne.ca
www.interligne.ca

Œuvre de la couverture : Christian Quesnel
Graphisme : Estelle de la Chevrotière
Correction des épreuves : Guy Archambault
Distribution : Diffusion Prologue inc.

Les Éditions L'Interligne bénéficient de l'appui financier du
Conseil des Arts du Canada, de la Ville d'Ottawa, du Conseil des
arts de l'Ontario et de la Fondation Trillium de l'Ontario. Nous
reconnaissons l'aide financière du gouvernement du Canada par
l'entremise du Programme d'aide au développement de l'industrie
de l'édition (PADIÉ) pour nos activités d'édition.

Les Éditions L'Interligne sont membres du Regroupement des
éditeurs canadiens-français (RÉCF).

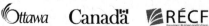

**Recyclé**
Contribue à l'utilisation responsable
des ressources forestières
www.fsc.org  Cert no. SGS-COC-003153
© 1996 Forest Stewardship Council

Imprimé sur du papier Silva Enviro 100% postconsommation
traité sans chlore, accrédité Éco-Logo et fait à partir de biogaz.

| certifié | procédé<br>sans<br>chlore | 100 % post-<br>consommation | archives<br>permanentes | énergie<br>biogaz |

Ce livre est publié aux Éditions L'Interligne
à Ottawa (Ontario), Canada. Il est composé en
caractère Garamond, corps douze, et a été achevé
d'imprimer sur les presses de l'imprimerie AGMV
Marquis (Québec), 2010.